RÉCIT

DE LA

MORT DE Mlle ANAIS TRIADOU,

ENDORMIE AU SEIGNEUR,

le 25 février 1853.

Celui qui croit au Fils a la vie éternelle.
(JEAN, VI, 47.)

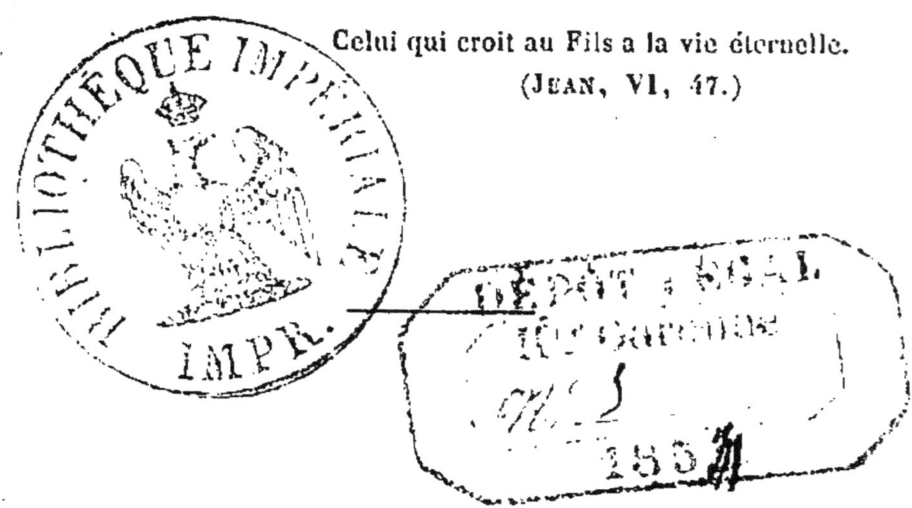

TOULOUSE,

IMPRIMERIE CHAUVIN ET FEILLÈS,

Rue Mirepoix, 3.

—

1853.

RÉCIT

DE LA

Mort de Mlle Anaïs Triadou.

RÉCIT

DE LA

Mort de Mlle Anaïs Triadou,

ENDORMIE AU SEIGNEUR,

le 25 février 1853.

Le plus réjouissant spectacle que nous soyons appelés à contempler sur la terre, c'est sans contredit celui que présente à nos regards la mort de l'homme juste. En ces moments solennels, si pénibles pour ceux qui considèrent la destruction de la chair avec les affections du cœur, le croyant se perd, en quelque sorte, dans l'avenir, et éprouve dans son cœur les ravissantes émotions de l'amour céleste. Il ne voit point, en effet, dans celui qui expire à côté de lui, un vil esclave du péché, mais un racheté de l'Agneau, qui marche déjà sur le seuil de l'éternité; il ne voit point en lui un misérable fils de la poussière, mais un roi glorieux exilé un moment sur une terre étrangère, et qui s'en retourne avec bonheur dans sa véritable patrie. Et si, tandis qu'il suit de l'œil les progrès rapides de la maladie; si, tandis qu'il regarde avec tristesse ces mains affaiblies, qui font un dernier effort pour se joindre; si, tout-à-coup, la pâleur redouble, le souffle cesse, la vie s'en va, alors il éprouve le besoin de pleurer, mais les larmes qu'il répand sont des larmes de joie; car en cet instant où le deuil descend sur la terre, des chants de triomphe éclatent dans les cieux; les anges de Dieu saluent avec transport l'entrée dans le séjour des esprits bienheureux, de ce nouveau racheté de Christ, qui vient grossir leur phalange sacrée... Or, c'est ce réjouissant spectacle que je voudrais placer, en ce moment, devant les yeux de mes frères en Jésus-Christ. Dans ce but, je vais dire, avec le secours de l'Esprit de Dieu, la mort de Mlle Anaïs Triadou, endormie au Seigneur le 25 février 1853. Puissé-je, en rappelant cette pieuse et touchante délivrance, réveiller l'amour des biens éternels dans le cœur de quelques-uns de mes frères, et les porter à saisir la vie éternelle, que Dieu leur offre en Jésus-Christ, le Sauveur !...

Mlle Anaïs Triadou naquit à Bédarieux le 7 juillet 1824. Jeune encore, elle fut réveillée dans son âme par l'Esprit du Seigneur. Dirigée par cette céleste influence, elle ne tarda point à comprendre toute la grandeur de sa misère spirituelle; et c'est en Jésus, Fils de Dieu et Sauveur des hommes, qu'elle trouva bientôt la paix de son cœur et le repos de sa conscience. Aussi, quand les jours des combats et des luttes, que les tentations de la chair amènent toujours sur nos pas, se levèrent pour elle, elle avait déjà caché sa vie en Dieu, et ne soupirait qu'après une communion intime, profonde, vivante, avec son Créateur et son Père. Aux temps orageux de la jeunesse, en ces moments de dangers et de périls, où tant de chrétiens oublient Dieu et son amour pour se donner librement au Prince de ce monde et se perdre dans les agitations et les amertumes de la terre, comme l'humble Marie de Nazareth, elle avait déjà compris la grandeur de son immortelle destination. Et c'est dans l'espérance de préparer, dans le temps, son âme pour l'éternité, qu'elle se donna à Dieu avec une entière confiance, et s'appliqua à marcher devant le Seigneur, dans l'humilité, dans la foi, dans la charité et dans l'espérance.

Dominée qu'elle était par la pensée de sa faiblesse naturelle et de son néant, elle ne chercha jamais à avancer, par ses propres forces, dans la voie de la sanctification ; elle sentait que le Seigneur seul pouvait accomplir en elle les merveilleuses opérations de sa délivrance spirituelle... Aussi criait-elle souvent vers lui, et lui demandait-elle, par beaucoup de supplications et de larmes, la vertu et la puissance de son Saint-Esprit. La prière, cet acte mystérieux, cet acte d'amour et d'adoration, dans lequel se concentre, en quelque sorte, la religion tout entière, la prière fréquente, zélée, persévérante, devint la respiration de son âme, le principe de sa vie. Par la prière, elle s'éleva au-dessus des sens et de la matière. Par la prière, elle imposa ses volontés aux désirs et aux sentiments de son cœur. Par la prière, elle se revêtit de l'armure de la foi, contre laquelle viennent se briser toutes les tentations de la chair. Par la prière, elle respira l'air pur de la piété dans les régions éternelles du ciel. Par la prière, elle tendit sans cesse vers la perfection qui se trouve en Dieu. Par la prière, elle

saisit toujours, dans le monde des intelligen-
ces, un objet infini pour son amour. Par la
prière, en un mot, elle goûta, sans relâche,
le bonheur dans toute la pureté de sa source!
Oh! que bienheureux est l'homme qui sait ainsi
vivre, par la prière, dans une communion
intime avec son Créateur, par Jésus-Christ!
Sans doute, pour arriver à ce degré de sanctification, il faut lutter et combattre. Sans
doute les tentations viennent souvent détruire
dans nos cœurs l'œuvre de foi et d'amour
que l'Esprit saint y avait commencée; sans
doute, nos péchés, nos vices, nos imperfec-
tions, forment souvent autour de la Divinité,
selon l'expression du prophète, comme un
nuage impénétrable, qui renvoie nos prières
vers la terre et les empêche d'arriver jusqu'au trône de la grâce...; mais si, rentrant
en nous-mêmes, nous nous attendrissons à
la vue de nos iniquités; si, répandant notre
âme en présence de Dieu, nous nous écrions,
avec le Roi-Prophète : «O Eternel! délivre-
moi de mes ennemis, car ils sont trop puis-
sants; Seigneur, mon Dieu! éloigne de moi
les tentations funestes qui assiégent mon âme;
des cieux où tu habites, exauce les prières
de ton serviteur; oui exauce, oui pardonne. »
Certainement, Dieu ne fermera pas l'oreille à

la voix de notre supplication, et il nous exau-
cera dans nos vœux et dans nos désirs ; car,
dit saint Jacques, la prière faite avec zèle a
une grande efficace.

Cependant, ce n'est pas seulement par les
aspirations de son cœur, manifestées par la
prière, que Mlle A. Triadou fit des progrès si
rapides dans la vie religieuse. L'amour qui
embrasait son âme était éclairé, ardent, ferme,
sincère, persévérant, et n'avait revêtu tous
ces admirables caractères qu'au contact de
la parole de vie. La Bible, ce livre de feu
que Dieu, dans sa miséricorde, a donné aux
hommes pour leur montrer la voie du salut
et ranimer toutes les âmes qui se nourrissent
de sa lecture, la Bible lui était familière dans
sa lettre et dans son esprit. Et c'est sans
doute la connaissance profonde qu'elle avait
des enseignements de Dieu, qui avait produit
dans son âme cette humilité franche et sincère
que l'on saisissait au fond de toutes ses paroles et de toutes ses actions. C'est elle aussi,
sans doute, qui avait rempli son esprit des
pensées saintes et divines qu'elle savait si
bien communiquer, dans les moindres con-
versations, à ceux qui l'entouraient. Par elle,
son intelligence avait pénétré dans les profondeurs du grand mystère de réconciliation.

Par elle, son cœur avait été amené à en éprouver toute la vertu et toute la puissance. Par elle, l'énergie de sa volonté avait été mise en mouvement, et Dieu venant à son aide, elle sut faire éclater devant les hommes les œuvres de sa foi.

Telles étaient les dispositions chrétiennes de Mlle A. Triadou, au moment où le Seigneur, dans son infinie sagesse, fit descendre sur elle, comme autrefois sur Job, l'épreuve de la maladie. C'était au mois de juillet 1852. Cette épreuve, bien loin d'affaiblir sa foi, ne fit que la fortifier. Soutenue par l'Esprit de Dieu, elle supporta avec une patience et une résignation vraiment admirables, toutes les douleurs de la chair. Jamais de plaintes, jamais de murmures, toujours la joie, toujours la paix de l'âme. Sans doute, elle aurait voulu souvent pénétrer la cause de ses souffrances, mais alors même, cette Parole du Dieu des consolations venait se placer, comme d'elle-même, devant les yeux de son Esprit. « Les voies de Dieu ne sont pas nos voies, et ses pensées ne sont pas nos pensées ! » Garde-toi de murmurer contre la Providence de Dieu, ô enfant de la poussière ; car une parole sortie du ciel t'impose silence. « Moi, l'Eternel, j'ai permis que l'affliction te visitât ! Mais, ô

Fils de Jacob, tu n'es point perdu ; ne te crois pas abandonné de moi ; tu dois souffrir courageusement les douleurs et les amertumes ; tu dois te réjouir lorsque, déployant contre toi la colère de mon indignation, je te fais sentir toute la rigueur de mes châtiments, car moi, l'Eternel, je châtie celui que j'aime et que je reconnais pour mon enfant!» Ainsi se trouvait certainement placée, sous la main de Dieu, au jour de ses douleurs, Mlle A. Triadou. En elle la souffrance du corps était grande, mais l'énergie de l'âme lui donnait la force de supporter avec patience les amertumes de la chair. Sa foi toujours profonde, toujours vivante, toujours intime, se plaisait à la secourir et à la soulager dans ces moments de crise où sa faible nature semblait succomber sous le fardeau de l'adversité; elle lui faisait trouver des douceurs au sein même de l'affliction ; elle lui apprenait l'art de la patience et de la résignation, au milieu même des plus poignantes souffrances.

Et maintenant que nous connaissons les principes religieux qui dirigeaient les sentiments et les actions de Mlle A. Triadou, justifions-les, aux yeux de tous, par ses propres paroles. Transcrivons ici quelques fragments de ces lettres, si pleines d'humilité, de foi, d'amour et d'espérance qu'elle adressait parfois à ses chères amies en Jésus-Christ.

15 août 1852. — Ce n'est plus du lit, bien chère amie, que je vous écris. Depuis deux jours je me lève. Vendredi, pour la première fois, je suis sortie de ma chambre. Le peu de santé que vous me désiriez et que vous avez demandée au Seigneur pour moi, me sera, je pense, bientôt accordée. Toutefois, je désire ce que notre bon Père veut, étant bien persuadée qu'il ne m'accordera que ce qu'il croira m'être utile. Ce que je lui demande, c'est de me rendre capable de le glorifier en toute occasion et de me préparer chaque jour pour la bienheureuse éternité.

24 août 1852. — Si vous saviez, chère amie, le bonheur que j'éprouve à vous écrire! Je voudrais toujours avoir la plume à la main. Aujourd'hui je viens vous prier de bénir le Seigneur, avec votre amie. Tous ses bienfaits sont sur nous. — Grâces à Dieu, ma mère est rétablie. Lundi je craignais pour elle une sérieuse maladie. J'aurais été en angoisses devant le Seigneur, si je n'avais su qu'il n'abandonne jamais les siens et qu'il fait tout concourir à leur propre bien. Moi-même j'ai été bien secourue pendant les jours de mes souffrances. Que le Seigneur est bon , chère amie ; avec quel soin il veille sur nous ! Quand nous considérons les dangers qui nous menacent , les épreuves que ce tendre Père nous épargne , nous nous sentons alors pressées de nous écrier : Ton amour, ô notre Dieu, ton amour nous assiége et nous possède ! Chère amie , qu'il est précieux de penser que si les épreuves ne nous sont point épargnées ; que si même la main de Dieu est continuellement appesantie sur nous, c'est toujours son amour qui dirige toutes choses. Oui, il nous aime alors d'un grand amour, quoiqu'il nous paraisse dur et sévère ! Oh ! dites, quelle découverte que celle-là, ou plutôt que le Seigneur a été bon de nous le faire comprendre ! Qu'il est doux et agréable de pouvoir lui dire : Je ne sais point, ô mon Dieu, ce que je dois désirer. Est-ce la santé ? Est-ce la maladie ? Mais je suis bien persuadée que tu m'accorderas ce qui me sera le plus utile. — Que je sois rendue capable en toute occasion de glorifier ton saint nom ! C***, en ce moment , contemple face à face celui que nous ne voyons qu'avec les yeux de la foi. Elle est en possession de ce repos après lequel nous soupirons. Que son bonheur est grand , chère amie ; il est digne d'envie, mais bientôt, oui bientôt, le Seigneur viendra aussi pour nous. Bientôt nous entendrons cette voix céleste : «Voici l'époux qui vient ; sortez au devant de lui. Oh ! que nos lampes soient constamment remplies de l'huile de la grâce ! que nous soyons sans cesse revêtues des ornements du salut, afin que nous puissions, nous aussi, être introduites dans la salle du festin !

27 *septembre* 1852. — Grâces à notre bon Père céleste, j'ai été, jusqu'à présent assez soutenue. Pourtant je suis passée par des moments d'abattement. Lorsqu'on me parlait, j'avais peine à retenir mes larmes. Ces larmes n'étaient pas certainement occasionnées par le murmure, mais plutôt par une grande tristesse ! Aussi, si vous saviez, chère amie, combien il m'a été donné de crier au Seigneur pour obtenir ma délivrance ! Je sentais qu'en agissant ainsi, je ne différais en rien des gens du monde, et c'est dans ses enfants que le Seigneur veut être glorifié ; aussi tout mon désir c'est de glorifier mon Sauveur dans cette épreuve. Le chemin que j'ai à parcourir sera probablement pénible ; j'ignore s'il sera long. Quoi qu'il en soit, il m'est précieux de savoir que le Seigneur veille continuellement sur moi ; qu'il compa-

tit à tous mes besoins ; que par Jésus , je lui suis précieuse dès la fondation des siècles. Il m'avait vue dans cette épreuve, et il me réservait par elle de grandes bénédictions. Qu'il est précieux de savoir que lorsque le Seigneur appesantit sa main sur nous, c'est alors surtout qu'il nous témoigne son amour ! Le monde ne saurait comprendre ce mystère : c'est là le privilége de ceux qui croient. Que le Seigneur est bon, chère amie, et combien j'ai à le bénir pour tous ses bienfaits ! Si vous saviez avec quelle sollicitude il m'entoure, et quel bonheur il me donne auprès de lui ! Il m'a fait pressentir que cette épreuve était indispensable pour le bien de ma famille, et que, par elle, il lui réservait de grandes bénédictions. Cette pensée me réjouit et me fait dire souvent en mon cœur : Frappe , Seigneur, pourvu que tu sauves!

15 *novembre* 1852. — L'éternelle réunion , le repos , le bonheur du ciel, tout cela n'est-il pas assez puissant pour nous réjouir ? Oh ! que le Seigneur mette continuellement ces espérances dans nos cœurs , et nous serons heureuses, quelles que soient nos conditions ici-bas. — Oui, chère amie, il m'est donné de faire l'expérience de l'amour de notre bon Père céleste. Chaque jour j'apprends à con-

naître cet amour. Dites, quand on pense qu'il faudra toute une éternité pour en connaître la profondeur ! — Alors nous connaîtrons parfaitement et nous aimerons notre Dieu, comme il veut être aimé. Plus nous nous tenons près du Seigneur Jésus, plus il se fait connaître à nos âmes et désirer à nos cœurs ! Et dans le ciel, alors que nous le verrons dans toute sa gloire et que nous comprendrons l'immensité de son amour pour nous, — oh ! alors combien nous l'aimerons et que notre bonheur sera grand ! —Qui sommes-nous pour de si grands avantages ? Car ce n'est pas nous qui l'avons choisi ; c'est lui qui nous a choisies et aimées le premier. Il nous porte dans son cœur ; nous sommes la chair de sa chair ; nous sommes cohéritiers de Christ ; dès-lors nous ne devons faire qu'*un* avec lui. Dites, bien-aimée, quelle gloire nous attend ! Quels priviléges que les nôtres ! Ah ! que nos cœurs se répandent en prières et en actions de grâces !

Ainsi pensait Mlle A. Triadou ! Il y avait en son âme un trésor inépuisable d'amour, qui se manifestait sans cesse devant Dieu, par la prière !

Sa maladie avait échappé dès l'origine à la

science des médecins.... Cependant, à mesure qu'elle prit de l'empire, mille symptômes la manifestèrent aux yeux de tous, avec une désespérante clarté. Alors personne ne put se faire illusion : Mlle A. Triadou apprit elle-même le nom du mal profond qui ouvrait insensiblement la porte du sépulcre devant ses pas. Mais alors même elle fit éclater les richesses de sa foi. Voici de quelle manière elle s'en explique avec une de ses chères amies.

13 janvier 1853. — Je suis maintenant convaincue que la maladie dont je suis atteinte est un anévrisme : cette découverte sera pour le bien de mon âme et non pour celui de mon corps ; j'ai hésité à vous en parler d'abord, connaissant l'affection que vous me portez ; mais comprenez, chère amie, combien j'ai besoin de vos prières, elles me sont plus que jamais nécessaires. Demandez pour moi au Seigneur qu'il me rende capable de regarder, comme le sujet d'une grande joie, les diverses afflictions qui nous arrivent. J'ai besoin que le Seigneur me rende vigilante. Enfin, bien-aimée, notre bon Père connaît tous nos besoins ; demandons-lui qu'il les satisfasse comme il le jugera convenable. Ne vous affligez pas trop à mon sujet, mais disons en nous-mêmes : « Tout est bien ! »

Oh ! quelle simplicité, quelle confiance, quelle humilité, quel amour ! Et comme je comprends bien les éloges que la foi vive et profonde de Mlle A. Triadou lui attirait de la part de ceux qui pouvaient l'approcher. Il était impossible, en effet, de n'être point saisi par les pensées, les sentiments, les désirs, les aspirations de cette âme confiante. Je bénis Dieu, disait dernièrement un ami en Christ, en parlant d'elle ; je bénis Dieu à cause des quelques instants qu'il m'a fait passer auprès de Mlle A. Triadou. J'ai toujours conservé d'elle un souvenir précieux, et sa mémoire m'est en bénédiction ! Que de simplicité, que de piété humble et solide ! que de douceur ! On pourrait dire d'elle ce que l'on disait d'un chrétien éminent : « Elle vit avec le Seigneur, c'est pourquoi elle le reflète tant !» Ce qu'éprouvait en son cœur cet ami fidèle, tous ceux qui se trouvaient en présence de Mlle A. Triadou ne pouvaient s'empêcher de l'éprouver après quelques moments de conversation. Comme l'on se sentait alors dominé par la grandeur de sa foi et accablé par sa profonde humilité ! Avec quelle puissance elle s'exprimait parfois sur l'orgueil, sur ce déplorable vice qui perd tant d'âmes, formées pourtant pour être extraordinairement bénies de la part de l'Eternel ! Elle ne pouvait point comprendre que la créature humaine, si pleine de misères et d'iniquités, si profondément perdue, soit assez présomptueuse pour croire qu'elle doit occuper en ce monde la place de Dieu. « Oh ! si nous savions marcher, disait-elle alors, tous ensemble avec humilité de cœur et d'esprit, sur les traces de notre bon Sauveur, comme la gloire de son grand nom brillerait en ce monde ! Comme tous les membres du corps de Christ travailleraient avec bonheur, chacun en son rang et selon son don, à répandre de tous côtés la bonne odeur du salut ! Comme l'Eglise serait belle et glorieuse ! Comme elle reflèterait sur la terre la Jérusalem du ciel ! — Mais non, il faut que l'homme s'élève alors qu'il devrait s'abaisser ! » Pourtant écrivait-elle, en un de ses jours de souffrances. — Jésus a bien dit : « Père, qu'ils soient *un* comme nous sommes *un*. Hélas ! que cette union est peu comprise ! et pourtant elle fait la joie du chrétien. Il est si doux d'aimer et de se sentir aimé dans le Seigneur ! »

On le voit, on le sent, dans sa foi et dans la manifestation de sa foi, Mlle A. Triadou marchait, sur cette terre de misères, en harmonie avec la volonté de son Sauveur. Elle était unie avec Dieu , par Jésus-Christ , et dans son esprit, et dans son cœur, et dans sa volonté. Et cependant plus elle approchait du terme de sa délivrance, plus elle grandissait, par la grâce de Dieu , dans la perfection chrétienne. « Je vous en prie , écrivait-elle encore, le 13 février 1853, à l'une de ses amies ; je vous en prie, ne vous affligez pas à cause de mon corps qui se brise dans la souffrance, mais priez , chère amie , priez tout particulièrement pour mon âme, afin qu'elle soit puissamment soutenue dans le combat et ensuite préparée à supporter ce poids de gloire qui nous attend dans les cieux... Ah ! je puis dire, à la gloire et à la louange de son saint nom, que notre bien-aimé Sauveur ne m'avait jamais été si précieux. Il m'a entourée de tant de sollicitude, il m'a tant parlé de son amour, il m'a tant assurée de sa fidélité. Aidez-moi, bien-aimée, à saisir ses promesses et à me reposer entièrement sur elles... J'ai été bien soutenue par la lecture du psaume CXXI ; il me semblait avoir été dicté pour moi. Que le Seigneur est bon , chère amie ; que nous sommes heureuses, nous, si indignes d'avoir été ainsi les objets de sa miséricorde...—Combien de choses j'aurais encore à vous dire, et cependant mes forces me trahissent , elles ne me permettent pas de m'entretenir plus longtemps avec vous , avec vous que j'aime tant, Dieu le sait. Priez beaucoup pour votre amie, aimez-moi comme je vous aime et croyez-moi votre dévouée sœur en Jésus. ».

A mesure que la mort opérait la destruction de son corps, Mlle A. Triadou éprouvait le besoin d'un secours extérieur... qui fortifiât son âme dans les douleurs de la lutte ; aussi aimait-elle à se trouver entourée de ses chères amies dans la foi. Là, par un échang e mutuel de désirs, de pensées, de sentiments, elles retrempaient ensemble leurs âmes dans les eaux vives du salut. Mais, comme chacune d'elles pressentait la délivrance prochaine de notre sœur en Christ, elles gardaient souvent elles-mêmes le silence et écoutaient religieusement les paroles qu'elle laissait tomber de ses lèvres mourantes : « Pour moi, eur disait-elle quelquefois, pour moi le temps approche où je dois déloger. Quant à vous, persévérez dans vos voies devant le Seigneur. N'ayez point honte de lui en tout temps et en tout lieu. Quoi qu'il en soit, il vaut mieux la gloire de Dieu que la gloire de l'homme ! Souvent le Seigneur répond à mes prières et à mes supplications par quelques moments de

repos et de tranquillité, mais la maladie n'en
est pas moins là, à mes côtés, persistante.
Aussi je soupire après le moment où mon
corps, cette frêle nacelle, si souvent ballot-
tée, arrivera dans le port! »

Toutes ces souffrances amenèrent en elle une
faiblesse extrême. Dès le 14 février 1853, la
maladie fit de prompts et rapides progrès;
elle fut obligée de garder continuellement le
lit. Ses douleurs étaient si violentes, qu'il lui
fut impossible de recevoir auprès d'elle ses
amies dans la foi; aussi souffrait-elle beaucoup de ne pouvoir plus les entretenir des
prodiges d'amour et de miséricorde que le
Créateur accomplissait en sa faveur. Elle, qui
s'était toujours proposée de glorifier le Seigneur au moment de sa mort, perdit pres-
que l'usage de la parole et ne put manifester
sa foi en Jésus-Christ, le Sauveur de son âme,
que par des soupirs sincères, des prières fer-
ventes, des larmes muettes.

Dans la nuit du 23 au 24 février, pendant qu'elle se trouvait seule avec une de ses
amies, Mlle X.., qui veillait auprès d'elle, le
Seigneur lui accorda un moment de relâche.
Elle sembla recouvrer toutes ses facultés :
— Pourquoi, dit-elle alors à son amie, pourquoi ne me parles-tu pas ? — Je crains de te

fatiguer, tu es si faible... ! — Allons! dis-moi quelque chose ? — Dieu est bon , ma chère amie , car il te donne un moment de repos.... Et après un court silence , elle reprit : J'ai eu un moment de faiblesse ; il m'a été impossible de comprendre ce que tu me disais. Tu as bien fait de me le rappeler ; oui, Dieu est bien bon , il m'entoure de parents et d'amis qui m'affectionnent, et lui , ce bon Sauveur, n'avait pas un lieu pour reposer sa tête. Mais je vois que mon esprit s'obscurcit... Ecoute, chère amie : tu prieras jusqu'à ce que le Seigneur vienne. Il me donnera de penser à lui jusqu'à la fin. — Oui , chère amie , je prierai ; toutes les amies prieront aussi, et toi prie maintenant avec moi. Et elles appelèrent à leur secours le Dieu des délivrances. Le lendemain matin, 24 février , Mlle X... étant encore auprès de son amie , cette dernière lui dit au milieu de ses soufces : Ne crois-tu pas que c'est Satan qui fait sur mon corps tous ces ravages ? Ne penses-tu pas qu'il déploie toutes ses armes pour mettre ma patience à l'épreuve ? — Nous pouvons bien le croire, lui répondit Mlle X..., l'histoire du patriarche Job semble faite pour nous donner cette conviction ; mais je crois aussi que Dieu déploie ses armes contre toi, quand il te place, par la douleur, sous sa main puissante. — Oh ! je n'en doute pas, reprit-elle, mais je sais aussi que Dieu a dit au mal qui m'accable : tu iras jusques-là et tu n'iras pas plus loin ! Et puis, que peut la douleur physique sur nous ? Rien ! Avec Jésus nous sommes toujours et en toutes choses plus que vainqueurs. Il est tout amour, ce charitable Sauveur. Oh ! qu'il a été bon de nous amener à sa connaissance : aimons-le jusqu'à la fin !.. Et puis elle retomba de nouveau dans son assoupissement ; son corps, accablé par la faiblesse et la douleur, semblait anéanti ; elle respirait avec une grande difficulté ; il lui fut seulement donné de prononcer, à de rares intervalles, le nom du Seigneur Jésus. Le lendemain, jeudi, vers les quatre heures du soir, elle parut être exaucée dans ses prières, car elle sentit, par la grâce du Seigneur, ses forces se multiplier, son courage renaître, son amour grandir, et elle voulut exprimer à ses chers et bien-aimés parents les sentiments profonds qui remplissaient son cœur. Elle les appela autour d'elle, et quand sa mère — qui s'était retirée dans la solitude pour répandre d'abondantes larmes — quand sa mère chérie, sur laquelle semblait en ce moment se concentrer toute

son affection, se trouva auprès de son che-
vet, elle leva sur elle ses yeux mourants et
la contempla avec ravissement. Puis, elle lui
dit : O ma mère, voici le moment de la sépa-
ration ; aie du courage, moi j'en ai beaucoup ; résigne-toi à la volonté de Dieu ; ne
murmure pas contre sa bonne Providence, mais
sache te soumettre ! Dans quelques mois,
dans quelques jours peut-être, tu viendras
me rejoindre !... Et puis, élevant ses regards
vers le ciel, elle tomba dans une douce ex-
tase, et ces paroles d'amour et de foi sorti-
rent de ses lèvres agitées : Seigneur ! sois ma
force, sois aussi la force de ma mère ! Et
comme sa mère, inondée de larmes, ne ces-
sait de gémir : Ne pleure plus sur moi, lui dit-
elle. Un silence profond succéda à cette scène
déchirante ; mais, en ce moment même, un
travail intérieur s'opérait dans cette âme ra-
chetée par le sacrifice de Christ ; elle éprouvait sans doute en son corps la destruction de
la chair ; elle sentait s'opérer le détachement
des biens de la terre, car elle fit aussitôt un
violent effort pour s'élever au-dessus de la
nature et de ses affections les plus pures. Ma
mère, dit-elle, à celle qui se brisait de douleur à côté d'elle et qui aurait donné sa vie
pour la retenir encore quelques instants sur

cette terre de larmes et de misères, ma mère, ne me retiens pas plus longtemps ; laisse-moi partir ; je vais avec mon Sauveur ! Après un moment de repos, elle voulut presser sur son cœur son frère bien-aimé et sa chère belle-sœur, pour laquelle son âme avait été si grandement ouverte ; elle le fit avec des transports d'affection, et puis elle leur donna des directions et des conseils, tels qu'un fidèle disciple de Christ prêt à s'envoler vers le ciel, peut en donner. Dans ses paroles, tout fut digne, émouvant, solennel ; on aurait dit que la terre, ses affections, ses douleurs avaient disparu complètement de son esprit, et qu'elle ne voyait devant ses yeux que des âmes perdues auxquelles il fallait montrer la voie qui seule conduit à Dieu. La présence de son frère réveilla sans doute dans son âme le désir de voir ses jeunes nièces, mais n'ayant pas la force de soutenir plus long-temps une conversation qui la fatiguait profondément, elle se contenta de dire à son frère et à sa belle-sœur : Au moins, chers amis, instruisez vos enfants dans la crainte du Seigneur !.. Puis, elle laissa reposer son esprit fatigué, mais toujours ardent, sur les grands objets de notre foi. Jésus, ce bien-aimé Sauveur de nos âmes, Jésus lui apparut dans sa gloire ; elle éprouva les joies ineffables de son influence invisible. O Seigneur, lui dit-elle, ô Seigneur Jésus, tu es mon berger ; c'est ton bâton et ta houlette qui me soutiennent et qui me dirigent dans cette vallée de l'ombre de la mort. Tu as dit, ô mon Sauveur, dans ton éternelle Parole : « Je m'en vais, et quand je vous aurai préparé le lieu, je reviendrai et je vous prendrai avec moi. » Bon Sauveur, je le sens, tu es près de moi, à cette heure ; tu me soutiens, tu me fortifies, aussi je n'ai point de disette. Oh que tu es bon, Seigneur ! Et, sans changer la direction de ses pensées, elle s'adressa à quelques amies qui s'étaient empressées de venir auprès d'elle, pour la soutenir par leurs prières, au moment de sa délivrance. Je ne désire maintenant qu'une seule chose, c'est la venue de notre Sauveur ; quoiqu'il tarde, il viendra assurément !... Ici, son âme se perdit encore dans les éternelles clartés du ciel ; elle se surprit de nouveau aux pieds de son Dieu, et elle lui dit avec les transports de la joie la plus confiante : Seigneur, je te prie pour tous ! Je te recommande ma chère mère, console-la, soutiens-la dans son affliction... En ce moment, le silence se fit de nouveau au milieu de cette famille éplorée : mère, frère, parents, amis, tous étaient, en quelque sorte, suspendus à ses lèvres ; tous étaient remplis d'angoisse, mais heureux, en même temps, de pouvoir contempler une aussi grande foi. Tous retenaient les émotions de leurs cœurs pour ne pas augmenter l'agitation qui s'était emparée de cette âme accablée ; et pourtant toutes ces secousses, toutes ces luttes, toutes ces douleurs n'avaient point encore brisé complètement ses forces. En voyant entrer sa grand'mère, elle reprit, pour ainsi dire, toute son énergie, et lui adressa quelques bonnes et salutaires paroles. Chère grand'mère, écoute, lui dit-elle, je veux te dire une chose : Aime bien le Seigneur ; donne-toi à lui ; s'il te laisse du temps, c'est pour que tu le mettes à profit. Qui aurait dit que je te devancerais ! Eh bien ! regarde, si je n'avais pas connu le Seigneur, que deviendrai-je sur ce lit de mort ? Je t'en prie, chère grand'mère, donne-toi à lui. Qu'est-ce que ce monde ? Oh ! si tu savais qu'il est bon d'aimer le Seigneur, qu'il est précieux de le connaître ! Maintenant, je m'en vais, et l'éternité, l'éternité ne sera pas assez longue pour donner gloire à Dieu ! Oh ! qu'il est bon de l'aimer ! Pour moi, l'heure est venue, et je sais en qui j'ai cru !...

Pour mettre un terme à toutes ces scènes douloureuses, Mlle X... lui dit : Chère amie , repose-toi , et sois persuadée que toutes tes paroles sont gravées dans les cœurs de ceux que tu aimes. — Si Dieu les grave, dit-elle , elles seront gravées... Et puis son esprit se reporta encore vers le Sauveur ; elle rappela plusieurs des consolantes paroles du Saint-Esprit aux Apôtres : « Que votre cœur ne se trouble point ! Vous savez où je vais et vous en connaissez le chemin... » A ces mots , sa faiblesse devint extrême ; son intelligence perdit sa force ; les ténèbres se firent dans son esprit... Et puis... dit-elle quelques instants après.... allons... finissez pour moi !... Et, sans attendre une réponse à sa demande, elle fit entendre ces belles paroles du Cantique .

> Vêtus de blanc les rachetés
> De Christ verront la gloire.
> Par sa vertu ressuscités
> Ils diront ses bontés.
> Célébrant sa victoire,
> Son œuvre expiatoire,
> Autour de son trône, avec eux,
> Nous lui rendrons nos vœux.

Oh ! quel parfait bonheur ! quel bonheur, quel bon-
Oh ! quel parfait bonheur !   [heur !

Après tant de labeur,
Pour toujours réunie,
L'Eglise, en sa patrie,
Entonnera !
Alleluia !
Gloire à toi, Jéhova !

Après ces paroles, son âme se détacha, sans nul doute, des choses d'ici-bas ; car, depuis ce moment, jusqu'au lendemain matin, 25 février, aucune parole ne sortit de sa bouche. Oh ! que se passa-t-il en son esprit dans ces moments de lente agonie ? Qui pourra jamais dire le travail de cet enfantement spirituel, pendant lequel l'homme extérieur se brise et l'homme intérieur se renouvelle ? Alors l'âme sent ses affections se détruire et s'anéantir les unes après les autres ; alors elle sort des ténèbres de la chair et pénètre dans les clartés de la lumière céleste ; alors elle rassemble toutes les forces qui l'animent encore, et, quand l'heure de la délivrance arrive, elle s'élance avec transport dans les demeures éternelles ; alors, si elle a été fidèle jusqu'à la mort, elle reçoit la couronne de vie ! Oh ! quelle joie se manifeste, en ce moment, dans les cieux et sur la terre ! Quel spectacle pour Dieu même : il voit accourir vers lui une âme immortelle qui s'est humi-

liée à la vue de ses iniquités, et qui, après
avoir éprouvé toutes les douleurs du repentir,
a marché sur la terre avec confiance dans le
chemin pénible, laborieux, difficile, qui seul
conduit au ciel. Quel spectacle pour Jésus-
Christ ! Il voit devant lui une âme péche-
resse, brebis égarée, perdue dans ce monde
de misères, qui a appris par sa grâce à se re-
vêtir des mérites de son sacrifice et qui a
trouvé en lui le repos et la paix du salut !
Quel spectacle pour les Anges ! ils voient entrer dans leur glorieuse société un nouveau
racheté de l'Agneau, qui, sorti victorieux de
son corps de poussière et de corruption,
pénètre brillant de gloire et d'amour dans le
séjour de l'éternelle félicité. Quel spectacle
pour les parents et amis ! ils contemplent avec
ravissement une créature mortelle, semblable
à eux en toutes choses, qui s'élève, par la
puissance de sa foi, au-dessus des biens péris-
sables de la terre, et qui sait trouver dans le
ciel un objet infini pour son amour ! Quel
spectacle même pour ceux qui n'ont pas eu la
joie de voir cette heureuse délivrance ! En
apprenant les merveilles que la grâce de Dieu
a opérées dans cette âme croyante, ils
s'écrient dans les élans de leur cœur : Que
je vive de la vie des justes et que ma fin
soit semblable à la leur !

Telle fut la mort de Mlle A. Triadou ! Elle fut en bénédiction à beaucoup de personnes sur la terre... Et maintenant, assise au milieu des rachetés de l'Agneau, elle contemple toutes les magnificences du royaume éternel. De quelque côté qu'elle tourne son âme, elle ne trouve dans le ciel que des objets d'amour ! O vous donc qui lisez ces lignes, ô vous mes compagnons de misère et de péché, ramenez, je vous en supplie, vos âmes de la diversité des intérêts matériels vers Jésus-Christ seul ! Marchez dans le Sauveur, sur les traces de notre sœur bien-aimée ! Que cette grande gloire vous émeuve ! Aimez, aimez toujours ce divin Rédempteur de nos âmes ! Que Jésus apparaisse sans cesse à vos regards, dans sa gloire et dans son triomphe ! Sachez opposer les vertus et les mérites de son sacrifice à toutes les frayeurs qui vous agitent et vous tourmentent dans ce monde d'iniquités ! Si la tentation vous assiége, appelez Jésus à votre aide ; si votre conscience vous accuse, appelez encore Jésus ; si votre foi défaille, Jésus ; si votre cœur souffre, Jésus ; si les angoisses de la mort vous abattent, Jésus ; si la pensée du jugement à venir vous accable, Jésus ! Qu'il soit votre bouclier, votre refuge, votre espérance, votre paix, votre vie ! Et quand le moment de retourner vers Dieu se lèvera sur vos têtes , vous sortirez de vos ténèbres, vous briserez les liens de la mort , vous pénétrerez dans les divines clartés du ciel , et vous goûterez éternellement le bonheur dans toute la pureté de sa source. Alors vous vivrez avec les patriarches , ces hommes bienheureux qui, après être morts dans la justice, sont entrés , brillants de gloire, dans les demeures permanentes de la félicité ! Alors vous vivrez avec les prophètes , ces hommes bienheureux qui , après avoir été sur la terre les conducteurs des peuples et les amis des pauvres et des indigents, ont reçu dans le ciel la couronne de gloire. Alors vous vivrez avec les Apôtres, ces hommes bienheureux qui , dans l'espérance de jeter les premiers fondements du royaume de Dieu dans ce monde , n'ont redouté, ni les haines , ni les mépris, ni les outrages, ni les persécutions , et qui maintenant jouissent , dans le sein de Dieu, du prix de leur victoire. Alors vous vivrez avec les martyrs, ces hommes bienheureux, qui ont tout sacrifié sur la terre pour le nom de Christ : repos , tranquillité, honneurs, dignités, biens , famille, réputation, vie , mais qui maintenant sont entrés dans la Jérusalem céleste, où ils sont inondés par les torrents de la lumière divine. Alors vous vivrez avec Jésus-Christ, ce Rédempteur de nos âmes, et vous perdant dans les profondeurs de son amour, vous redirez sans cesse avec les armées du ciel : « O Agneau, Agneau de Dieu, tu es digne de recevoir l'empire, car tu as été immolé ; et, par ton sang, tu nous as lavés. A toi donc soient l'honneur, la gloire, la puissance, la force et la magnificence aux siècles des siècles. Amen! »

FIN.